PANDEMIA: CRISE E APORIA

Gustavo Bertoche

Cogitamus

O texto deste livro NÃO SEGUE o novo acordo ortográfico.

Dados Internacionais de Catalogação na Publicação (CIP)
(Câmara Brasileira do Livro, SP, Brasil)

Bertoche, Gustavo.

Pandemia: crise e aporia. – Teresópolis, RJ: Cogitamus, 2020. 71p.

ISBN: 978-65-00-02109-7

1. Pandemia. 2. Crise. 3. Filosofia.

Dedico este livro ao João e à Diana, meus filhos,
que conhecerão um mundo novo.

SUMÁRIO

1 Pandemia e crise 7

2 Aprender e desaprender 11

3 Ciência e crítica 17

4 Consumismo e irracionalidade 23

5 Autoritarismo e democracia 29

6 Tirania benigna e pax aeterna 31

7 Pluralidade e empatia 37

8 Tolerância e serenidade 39

9 Tutela e autonomia 45

10 Confinamento e crueldade 49

11 Clausura e privilégio 55

12 Ignorância e diferença 61

13 Ideologia e metafísica 65

14 Filosofia e aporia 71

PANDEMIA E CRISE

Escrevo este livro como um registro da pandemia de 2019-2020. Esta é a primeira das muitas situações de confinamento global que vislumbramos para o século XXI.

Escrever um livro sobre um acontecimento que ainda se desenvolve é um risco. Mas é um risco que devo assumir: é precisamente este o instante em que a crítica é infinitamente mais valiosa. Ademais, a filosofia é, pela sua natureza, arriscada: estou convicto de que a filosofia, a verdadeira filosofia, não é aquela praticada na cátedra, mas no momento vivo, no calor dos eventos que se desdobram na ágora. Como nos lembra Cioran, a cátedra é o luto do espírito. O tempo da filosofia é o tempo dos vivos, e o espaço da filosofia é a distância pulsante entre a taça e os lábios que se abrem para a fala e para a cicuta.

* * *

A antiga ágora – a praça pública – está vazia. Mas a nova ágora – a rede social – está cheia e vibrante. É nesta nova ágora que a *pólis*, em nosso tempo, torna-se consciente de si.

A epidemia não mais acontece somente nos corpos: em um átimo ela *viraliza* na rede social. Na ágora global, já não se pode abafar um alarme social: uma crise nunca mais será subestimada. A crise, na era digital, se torna adulta logo ao nascer.

A partir da nossa experiência e da nossa memória, as novas pandemias exigirão de todos a austeridade. Estamos inaugurando o protocolo-padrão com o qual as próximas gerações lidarão não somente com doenças contagiosas, mas também com outros tipos de emergência – já conhecidas ou não.

Certamente esse novo protocolo será utilizado muitas vezes nos próximos tempos. As epidemias e os confinamentos, com a conseqüente ampliação da institucionalização de toda a vida, provavelmente vieram sentar praça na nossa civilização. A frequência dos intermitentes momentos de paroxismo – freqüência que até agora era suficientemente espaçada para que nós, bem-alimentados cidadãos da classe média, nos iludíssemos com a aparente normalidade da vida – tornar-se-á cada vez maior.

Enfim: descobriremos, cada vez mais, o concreto significado da expressão "a crise permanente da modernidade". Se a sociedade industrial já vivia, do ponto de vista dos desafortunados do mundo, em permanente crise, a partir de agora também a classe média a terá, a qualquer momento, ao alcance das mãos.

* * *

A consciência da inevitável presença da crise não precisa, todavia, fermentar o desespero em nós. Se pudermos encará-la com serenidade e paciência, a crise pode revelar o que estava escondido sob e sobre o nosso hábito. Se conseguirmos nos observar a partir de um lugar diferente daquele do automatismo cotidiano, se nos permitirmos acalmar a mente e o coração e meditar sobre a velocidade da nossa vida e sobre a destruição que causamos no mundo, nos outros e em nós mesmos, os tempos de crise podem ser verdadeiramente terapêuticos; a crise pode se tornar criação.

Afinal, a realidade é dialética. Não há movimento que não implique em seu contrário; não há processo que não revele, para quem aprendeu a ver, uma síntese numa ordem mais elevada.

É justamente esse movimento dialético, como aparece sob a minha perspectiva de brasileiro, filósofo, em isolamento social, que eu quero apresentar neste pequeno registro.

APRENDER E DESAPRENDER

Em tempos de crise, a vida se retrai. Em tempos de crise, a vida se expande. A crise é o tempo do medo, a crise é o tempo da coragem. É o tempo da prudência e é também o da ousadia.

A crise é o tempo da mentira, mas também é o tempo da verdade.

Krísis, palavra grega, significa abismo, significa separação – mas também julgamento e decisão. A crise é o momento do abismo, o momento da separação entre as idéias, entre as vidas, entre as existências. É na crise que descobrimos quão profundamente incompatíveis são as nossas maneiras de viver em relação às daqueles com quem convivemos.

É sob a luz das explosões da crise que podemos enxergar a escuridão da alma alheia – e é sob essa mesma luz que a nossa própria escuridão reluz em toda a sua opacidade.

A cada grande crise, não somente o mundo se torna outro, mas também nós: a crise é o momento em que, na ação ou na reclusão, podemos redirecionar toda a nossa existência.

** * **

A história nos mostra que todos os momentos de crise profunda são, dialeticamente, também momentos de grande reinvenção.

O que precisamos aprender com o tempo da crise?

E mais importante: o que precisamos desaprender?

** * **

Nesta época de clausura, converso com alguns amigos que, em suas casas, têm tido dificuldade de conviver com os seus parceiros de vida e com os seus filhos.

Alguns desses amigos já perceberam que o problema não está nos membros da família, mas em si mesmos. Eles não conseguem lidar é com a sua própria presença incômoda.

Acostumados à rotina de trabalho durante a semana e a atividades e passeios nos fins-de-semana, não perceberam que, aos poucos, a sua identidade pessoal se confundiu com a sua personalidade social e profissional.

Eles não mais sabem ser simplesmente eles mesmos, não mais conseguem lidar suave e graciosamente com os problemas e com as frustrações simples da vida: o parceiro que reclama da louça suja, a criança inquieta que faz birra, a insegurança de todos diante do futuro.

Talvez seja preciso desaprender a sustentar a personalidade do profissional competente e focado, essa máscara que, de tão usada, já se confunde com o próprio rosto. Talvez seja preciso voltar a vivenciar a leveza e a graça dos problemas comuns, talvez seja necessário desaprender a gravidade das coisas e reaprender a rir de si mesmo. Não é essa a maravilhosa lição do último diálogo de Mozart com Harry em *O Lobo da Estepe*?

* * *

Conheço quem, diante do ócio, descobre-se entediado - e por isso encontra mil maneiras de se distrair: redes sociais, livros, filmes, arrumação da casa.

Schopenhauer dizia que o tédio é simplesmente a consciência do vazio da nossa existência. Nessa mesma linha, Pascal afirmava que buscamos constantemente um passatempo - no jogo, nas festas e na internet - porque não suportaríamos pensar na miséria da nossa vida. Se deixássemos um rei sem diversão e sem companhia, propunha-nos Pascal, encontraríamos um rei em estado de miséria existencial.

Contudo, o tédio, fruto do ócio, em lugar de causa de sofrimento, pode ser um grande presente. A descoberta da nossa pequenez, a consciência da nossa situação miserável no mundo, tem uma potência pedagógica profunda: reconhecendo que não somos nada, podemos finalmente descobrir o nosso real valor, o real e imenso valor da nossa consciência.

E o ócio pode, sobretudo, vir a se tornar instrumento da criação. Não é à toa que Aristóteles preconiza o ócio como condição para a vida política. É justamente no momento do ócio que não somente podemos criar - poesia, música, arte -, mas também pensar sobre nós e sobre o mundo com a necessária lentidão e tranqüilidade. Talvez seja necessário desaprendermos a preencher cada momento da vida com trabalho ou diversão para que possamos redescobrir o poder criativo do ócio e o valor moral do tédio.

A propósito, muitos amigos que têm podido manter o confinamento relatam que têm assistido a bons filmes, lido bons livros, escutado e praticado boa música, numa intensidade antes impossível. Imagino que o mesmo aconteça no mundo todo.

Quem sabe este tratamento da alma, que tantos têm podido fazer, não seja precisamente o complemento dialético da dor causada pelas perdas que temos sofrido?

Quem sabe este momento de crise não seja a oportunidade para que nós aprendamos, por meio da arte, a multiplicar a alma - e, assim, a viver melhor a vida possível?

* * *

Lemos também notícias de que a água e o ar das cidades em quarentena de algum modo voltam à vida: os canais de Veneza, livres dos turistas, estão límpidos e cheios de peixes; o ar das cidades industriais na China é novamente respirável; a poluição diminui sensivelmente em muitos lugares do planeta. Ambientalistas calculam que a quantidade de vidas humanas salvas devido à paralisação industrial já supera, em muito, a quantidade de vidas perdidas para a epidemia.

Talvez a recuperação ambiental seja um benefício inesperado da crise, um benefício que nos leva a cogitar a viabilidade de uma desindustrialização, de um decrescimento econômico planejado.

Já se sabe há algumas décadas que o desenvolvimento econômico incessante é incompatível com a sustentabilidade ambiental e, em algum momento do futuro, dificultará a própria permanência da vida humana na Terra. Como diz Hans Jonas, a nossa irresponsabilidade produtivista e consumista é semelhante à loucura de uma família que endivida terrivelmente as próximas gerações para viver agora na opulência. É preciso parar com essa irresponsável destruição do mundo: é preciso cuidar do mundo dos nossos netos.

* * *

Talvez estejamos, neste momento, diante de uma oportunidade histórica extraordinária: a oportunidade de refletir

e agir para que os aprendizados e desaprendizados necessá-
rios nesta situação não sejam ignorados, mas que constituam
o início de uma nova maneira de vivermos no mundo. De-
pende de nós sairmos menores ou maiores desta crise.

15

CIÊNCIA E CRÍTICA

Num momento de crise, como a situação de pandemia em que vivemos, muitos desejam uma orientação a respeito de como devem agir, mas não sabem em que confiar.

Nesse contexto, leio aqui e ali pessoas inteligentes nos exortando a "seguir a ciência". Que elas me desculpem, mas eu não sigo o que eu não sei o que é.

* * *

Foi o Rubem Alves quem, no livro *Filosofia da Ciência*, escreveu que "o cientista virou um mito" e que "todo mito é perigoso". De fato: a idéia de um cientista puro e universal, ou melhor: de uma ciência objetivamente desinteressada, imune à política e ao mercado, é mitológica. O ethos científico - que, como descrito por Merton, corresponde aos valores do universalismo, da coletividade, do desinteresse e do ceticismo organizado - é uma meta mais ou menos inatingível. É imensa a bibliografia sobre a utilização das estruturas e pesquisas acadêmicas com a finalidade da obtenção de vantagens para empresas e para agentes políticos. "Confiar na ciência" corresponde, com muita freqüência, a confiar simplesmente no interesse econômico empresarial e no interesse ideológico de movimentos políticos.

É também mitológica a idéia de uma ciência unitária e uniforme. O tipo de existência da ciência não é como o de um partido político, em que se pode apontar inequivocamente qual é a sua posição oficial, qual é o seu presidente, quais são as suas teses orientadoras. A ciência existe como um conceito abstrato relativamente indeterminado - como são os conceitos de "Ocidente", de "religião", de "povo" - que se ramifica em muitas regiões simbólicas.

Como mostraram Bachelard, Kuhn, Feyerabend e muitos outros depois deles, a idéia de uma posição unitária da ciência sobre qualquer assunto não passa de uma idealização, de uma sinédoque, de uma personificação. "A ciência" não afirma nada; "a ciência" não sustenta posição nenhuma. Quem afirma, quem sustenta as suas posições, são "os cientistas". E eles não afirmam nada em uníssono, eles não pensam em bloco: não existe unanimidade em campo algum da ciência. Em todos os ramos da investigação científica - na física, na biologia, na sociologia, na psiquiatria, na economia, na climatologia, na epidemiologia... - há os cientistas que adotam a posição padrão naquela época e naquele lugar, e há os que nadam contra a corrente. Quando tomamos a voz de um cientista como a voz da própria ciência, simplesmente adentramos o domínio poético do pensamento metonímico: tomamos uma voz concreta e particular como se fosse a posição de todos os cientistas de todas as regiões científicas. Nada nos impede de usar figuras de linguagem - desde que não as tomemos como expressões diretas do real, e desde que elas não nos sirvam de orientadoras das ações políticas concretas.

* * *

Há uma grande disparidade entre as posições dos cientistas porque, como Popper mostrou, a ciência é incapaz de provar qualquer coisa: uma teoria científica não é uma descrição exata da realidade, mas uma hipótese a ser testada, aperfeiçoada e, eventualmente, abandonada. O trabalho do cientista não é o de "confirmar" uma teoria, mas o de tentar derrubá-la. Em outras palavras: a ciência não nos oferece "a verdade", mas descrições mais ou menos provisórias que funcionam até certo ponto e que nos permitem operar, de algum modo, no mundo.

De fato, é na incompletude, na mobilidade, no criticismo da atividade científica que reside o seu valor. Se um cientista se torna um dogmático, então já abandonou o campo da ciência e adentrou o campo da ideologia.

* * *

Neste momento devo interromper brevemente a argumentação: é certo que alguém está a ponto de me acusar de "terraplanista". É preciso dizer que nunca houve terraplanismo nem entre os cientistas, nem entre os filósofos, nem entre os teólogos; como mostra Jeffrey Butron Russel em *Inventing the Flat Earth*, a concepção de que os medievais acreditavam na "Terra plana" não passou de uma "fake news" divulgada por intelectuais cientificistas no século XIX com a finalidade de ridicularizar a religião. Ninguém pode levar a idéia da "Terra plana" a sério, nem achar que o outro é, sinceramente, um terraplanista. Tenho certeza: todo terraplanista só pode ser um gozador, um trolador, exatamente como aqueles que seguem a religião "maradonista" na Argentina.

No fundo, o que alguém quer dizer quando acusa o outro de terraplanista é que o outro é um opositor da pesquisa científica. Não é o meu caso. Não somente não me oponho ao trabalho dos cientistas, como o defendo e o julgo fundamental para a sociedade e para a humanidade. Sustento inclusive que todos os governos deveriam investir boa parte do seu orçamento na pesquisa e no ensino científico, sem nenhuma obrigação do pesquisador para com resultados imediatos em função da economia ou do bem-estar público.

Essa minha posição não é contraditória com a constatação de que as ciências são perpassadas por interesses econômicos e políticos; ora, esses interesses são inevitáveis, e devem nos prevenir contra a confiança cega nas conclusões dos cientistas, mas não podem nos levar a defender o cerceamento da sua liberdade de investigação.

* * *

Eu não posso "seguir o que diz a ciência" porque "o que diz a ciência" simplesmente não existe. Existem cientistas e suas equipes, campos científicos, escolas de pensamento, laboratórios e experimentos; existem debates, controvérsias, fraudes; existem descobertas acidentais e existem construções teórico-experimentais complexas e meticulosas. Mas não existe "a resposta científica", simples e unívoca, para um problema real do mundo humano.

Por essa razão, quando me recomendam que, diante da pandemia, é preciso "seguir o que diz a ciência", eu fico sem saber o que me está sendo recomendado. De fato, suspeito que esse pensamento prosopopéico signifique, afinal, "seguir uma determinada ideologia" - e que o imperativo: "siga a ciência!" não seja senão mais um slogan, vazio como todos são.

"Seguir a ciência"? Obrigado, mas não estou pronto para acompanhar as suas preferências ideológicas e os seus mitos: eu permaneço seguindo a minha razão - que, a propósito, deve acidentalmente concordar com o que algum cientista, em algum lugar no mundo, está sustentando neste exato momento.

* * *

Ademais, a sociedade humana é complexa demais para

que as decisões políticas que dizem respeito a todos sejam tomadas por doutores em biologia, em medicina ou em qualquer ciência. O conhecimento muito profundo sobre um vírus não confere a ninguém profundidade no conhecimento sobre as dificuldades da vida social, econômica, política e espiritual do ser humano. A opinião de um cientista sobre essas dificuldades, quando não dizem respeito à sua especialidade, não vale mais do que a opinião de qualquer outro cidadão.

Por isso, permaneço defendendo que as decisões que afetam a toda a comunidade sejam tomadas pela própria comunidade, após um debate amplo que inclua a palavra de muitos cientistas - um debate em que a razão comunicativa nos aproxime do compromisso possível para que, nos responsabilizando pelo nosso futuro, encontremos o caminho que nos parece o mais adequado.

Entendo que vivemos em um tempo em que os indivíduos, perdidos e inseguros, desejam que um líder lhes diga o que fazer e que puna exemplarmente os que o questionem. Mas o desejo da tutela é a marca da menoridade.

CONSUMISMO E IRRACIONALIDADE

O nosso tempo é o tempo da incerteza. No momento em que escrevo estas palavras, em abril de 2020, ninguém sabe ao certo quando serão levantadas as restrições ao movimento e às aglomerações.

A sensação geral de insegurança revela algo mais do que a preocupação com o futuro: ela revela, dialeticamente, que já existiam, há tempos, razões para o alarme diante dos caminhos da sociedade global, mas poucos se importavam. A incerteza do nosso tempo é a conseqüência das certezas injustificadas do passado.

* * *

As gerações nascidas nos países centrais após as guerras possuíam todas as certezas: a economia é a base de toda a sociedade; é preciso que a indústria e o comércio cresçam incessantemente; a situação natural é o crescimento econômico e industrial, e a estagnação e o decrescimento são aberrações que indicam falhas do comando político das sociedades. Elas confiavam no poder civilizatório do desenvolvimento econômico e industrial. Confiavam que o aquecimento do mercado necessariamente conduziria à abertura política nas sociedades fechadas. Confiavam que as ciências naturais encontrariam os meios para uma exploração cada vez mais "eficiente" dos recursos do planeta. Confiavam que o progresso tecnológico ofereceria à política as soluções para os problemas fundamentais da pobreza, da doença, da angústia.

Elas jamais conheceram o medo constante, a insegurança com o amanhã imediato, a civilização em ruínas. Elas se constituíram sob o estandarte do otimismo alimentado pelo hiperconsumismo: "tudo segue bem quando todos seguem comprando".

Sob esse estandarte, elas julgam escandaloso que alguém se recuse a consumir; o consumo é uma panacéia que a tudo soluciona – de casamentos frágeis a angústias existenciais. Somos condicionados – pela televisão, pelo cinema, pela indústria da propaganda – a procurar no consumo a solução simples para as nossas questões. Se estamos tristes, somos impelidos a comprar: roupas para andarmos mais bonitos, horas na ginástica para termos a impressão de que somos mais fortes, televisores cada vez maiores para... para alguma finalidade que eles devem ter.

* * *

Quando participamos das atividades de hiperconsumo, a nossa consciência nos insiste em mostrar, contra o nosso impulso hedonista, o que se oculta, antiteticamente, sob a aparência shopping centers sempre muito bem organizados: a suja realidade do trabalho, freqüentemente infantil, realizado em fábricas orientais cujas normas se aproximam às da escravidão. O excesso despreocupadamente desperdiçado pelas classes altas contrasta com a vida miserável e desumana que tantos vivem em muitos lugares do planeta. A existência de consumidores no estado mais puro, de indivíduos que dispõem do capital e vivem simplesmente para consumir, revela imediatamente a existência de servos-consumidores, de ninguéns que empregam todas as forças produtivas da sua vida para servir àqueles em troca de um pagamento meramente suficiente para a subsistência.

* * *

No mundo do hiperconsumismo, a própria felicidade é objeto de consumo obrigatório. Não se supõe que alguém aceite e se resigne com momentos mais ou menos duradouros de tristeza, de angústia, de dor.

Todavia, a vida humana inevitavelmente é dor, angústia, sofrimento, e caminhamos, a cada dia, para o nosso inexorável destino.

Para preencher o impreenchível vazio da existência, devemos comprar. Desejamos, por mímese, nos tornar bonitos, alegres e despreocupados como os modelos nas propagandas. E consumimos cada vez mais, e o vazio no nosso peito se torna cada vez profundo.

Não percebemos que os momentos de pura alegria são justamente aqueles que não têm nenhum valor econômico: são os momentos em que compartilhamos do que é mais humano na humanidade. São os momentos em que participamos da vida das pessoas amadas, em que um poema repercute na nossa alma, em que nos arrepiamos com uma passagem de uma música, em que nos permitimos parar para contemplar o céu estrelado. Esses momentos, raros e fugazes, compensam luminosamente as inescapáveis frustrações, amarguras e impotências da vida humana.

É uma pena que tantos, em nosso tempo, substituam o que há de humano na vida humana pela alegria efêmera do consumo dos remédios (servidos em copos gelados ou em comprimidos coloridos) e de reluzentes inutilidades: o arrependimento por ter desertado quando se era convocado a viver a tragédia da existência é inútil quando o que resta é a descoberta de que se está morrendo sem jamais haver vivido.

* * *

Na nossa sociedade do crescimento econômico e industrial infinito, o *doublethink* imaginado por Orwell se realiza plenamente: acreditamos que os grilhões do consumo restituem a vida plena ao oprimido. A dependência, rebatizada como "sucesso", torna-se a marca da liberdade. E as potências distópicas progressivamente se atualizam.

O *doublethink* revela-se quando apontamos para as palavras comuns no mundo do trabalho em nosso tempo.

Todas as empresas possuem um departamento de "recursos humanos". Nesse setor, decide-se quem será "desligado" da empresa e voltará a disputar um lugar no "mercado de trabalho".

Trata-se pessoas como "recursos". Mas recursos são coisas que se utilizam e se descartam. Pessoas não deveriam estar sujeitas a essa coisificação, a essa instrumentalização. A expressão "recursos humanos" indica, de forma crua, a natureza da relação de trabalho no nosso tempo.

Do mesmo modo, máquinas, e não pessoas, são ligadas e desligadas. "Desligar" uma pessoa, e não "demiti-la", é um eufemismo que, ao contrário do que possa parecer, é mais agressivo do que a simplicidade literal. "Desligar" alguém do trabalho é tratá-lo como mero objeto, e não como um ser humano.

Igualmente reveladora é a expressão "mercado de trabalho". No mercado, objetos são postos à venda. Não pessoas. Quando alguém assume o discurso ideológico do "mercado de trabalho", assume ao mesmo tempo a objetificação da sua existência.

A *newspeak* empresarial é opressiva e desumanizante. Mas o trabalhador, buscando mais do que tudo identificar-se com os valores contidos nessa linguagem, comemora a "oportunidade" de ser reificado e explorado.

Acompanhando o espírito da nossa época, os economistas nada vêem de estranho nisso; afinal, na sua metafísica a economia é o alfa e o ômega de toda a sua existência.

* * *

Quem são os economistas? Serge Latouche nos revela que os economistas somos todos nós: somos nós quem acreditamos que é necessário que a indústria e o comércio cresçam não para satisfazer a um objetivo claro e nomeável, mas cresçam por crescer, cresçam para crescer, indefinidamente, num consumismo ilimitado.

Mas a crença de que podemos produzir e consumir ilimitadamente num planeta de recursos limitados não é racional. A metafísica de fundo de toda a economia, e de todos nós que consumimos irrefletidamente, é simplesmente absurda.

As crises, cada vez mais intensas, são inevitáveis quando toda a civilização tem como fundamento metafísico uma crença irracional. Aceleramos com vontade o motor da nossa sociedade – mas aceleramos na direção do abismo.

Quando o caminho da racionalidade – ou seja, o caminho do decrescimento industrial e econômico – é tido como curiosa excentricidade, quando o caminho da sensatez é considerado como um devaneio utópico, devemos nos preparar para o desastre: quando percebemos que a fantasia toma alegremente o lugar do real, podemos concluir que não passamos por uma crise.

A conclusão necessária é um pouco diferente: a crise somos nós. Não podemos transformar a crise senão transformando a nós mesmos.

AUTORITARISMO E DEMOCRACIA

Com freqüência suspeito que as gerações que nasceram nas sociedades centrais após as guerras vivam procurando por um líder que lhes ordene o que fazer.

Estamos dispostos a abrir mão muito rapidamente da nossa liberdade política em benefício do Estado, de um governante, dos tecnocratas científicos.

O modelo moderno de democracia é, de certo modo, tirânico: como nos lembra Marcuse, muito facilmente a democracia moderna pode se transformar num totalitarismo democrático no qual homens unidimensionais, acreditando favorecer a liberdade, constróem a tirania.

Todavia, a democracia, mesmo imperfeita, garante aos cidadãos algo maravilhoso: garante a liberdade de debate e de confronto de idéias, a despeito da opinião do governante de plantão, a despeito da opinião dos tecnocratas, a despeito até da opinião da maioria.

* * *

Quando critico a ausência da discussão na sujeição popular às medidas do isolamento social, não é o isolamento que está em questão.

A polêmica que levanto é outra: é a necessidade do debate político amplo sobre qualquer problema social. Já em novembro havia sinais de que nós, no mundo todo, corríamos um grave risco. Mas seguimos com a nossa vida, aguardando as decisões - ou a ausência de decisões - dos incompetentes que administram as nossas coisas na presidência e nos estados.

Em nenhum momento debatemos publicamente com os especialistas de várias áreas científicas - médicos infectologistas, intensivistas e psiquiatras; biólogos; economistas; sociólogos -, as ações que nós, o povo, poderíamos ou deveríamos tomar em caso de pandemia. Jamais o Congresso, a imprensa, as redes sociais levantaram o problema.

Se houvéssemos sido democratas, se houvéssemos debatido com toda a sociedade o problema que se aproximava, poderíamos ter convencido a população sobre a necessidade do confinamento. Poderíamos ter fechado, antecipadamente, as fronteiras. Poderíamos ter cancelado os eventos esportivos e as festas de carnaval deste ano. Poderíamos ter preparado os hospitais e concebido planos de apoio econômico aos trabalhadores e às empresas. Estaríamos então prevenidos dentro do possível; a sociedade brasileira inteira estaria sob muito menos pressão e correndo muito menos risco.

* * *

Finalmente: as decisões tomadas em gabinetes fechados - o do presidente, o do governador ou o do tecnocrata - são autoritárias por definição. E o autoritarismo não é legítimo e aceitável nem mesmo - e sobretudo! - quando estamos em situação de grave emergência social.

TIRANIA BENIGNA E PAX AETERNA

Maquiavel é, com alguma freqüência, considerado o primeiro cientista político moderno: nas suas análises, ele teria sido um dos primeiros a rejeitar tanto uma concepção metafísica da natureza humana quanto uma filosofia da história metafísica e sistemática. O fiorentino teria procurado descobrir as leis da ação política no Estado em um raciocínio indutivo a partir da própria narrativa da história.

Como suponho evidente, a negação de qualquer metafísica é uma tarefa impossível; a crença de que não se segue metafísica nenhuma é a metafísica mais tacanha.

Mas existe algo no método da indução histórica que nos é útil: ela nos permite um certo grau de previsão acerca da direção das idéias que impulsionam a marcha humana nos tempos.

* * *

Adorno e Horkheimer mostraram, na *Dialética do Esclarecimento*, que os desenvolvimentos técnico-científicos criados para nos libertar da miséria e da opressão acabaram por criar um novo tipo de submissão: nós passamos a tomar a necessidade e a inevitabilidade do avanço da ciência e da técnica como artigo de fé, e deles nos tornamos não somente dependentes, mas também, de certo modo, servos. Ordenamos toda a nossa vida – o trabalho, o lazer, o descanso, a família – em função da manutenção da ordem da técnica.

Assim, o que nos torna livres nos aprisiona; o que nos salva nos escraviza. *Servidão* recebe um novo nome: *liberdade*; *adequação* torna-se sinônimo de *sucesso*; *consumo* agora é *felicidade*.

Nós já estamos no *Admirável Mundo Novo* descrito por Huxley. Já vivemos num novo mundo em que a recusa crítica à razão totalitária e em que a defesa da autonomia racional do sujeito são considerados sinais da desrazão.

Afinal, todos nós aprendemos – por meio de uma indústria cultural que retroalimenta os valores da sociedade tecnocientífica – a desejar a tutela, a desejar a submissão, a ausência de responsabilidade sobre a nossa própria vida e a nossa própria morte.

* * *

Por isso, não é difícil supor que, diante das prováveis novas pandemias e emergências mundiais, se aprofundem algumas tendências sociopolíticas que têm se manifestado.

Em nome da saúde e da segurança pública, o governo da Coréia do Sul já monitora todos os cidadãos: por meio de milhões de câmeras de vídeo nas ruas e do monitoramento dos aparelhos celulares, o Estado sabe onde cada um está, para onde anda, com quem se encontra. O governo chinês vai além: conhece também o que cada um faz nas redes sociais e o que compartilha pelo seu e-mail; sabe mesmo a sua condição de saúde, pois tem acesso aos *smartwatches* usados por parte dos jovens.

No Ocidente – e no Brasil – já existem defensores da proposta de monitorar todos os cidadãos por meio dos seus telefones. A justificativa é que, com esse controle, o Estado poderia evitar as aglomerações que facilitam a disseminação da epidemia.

Uma sociedade na qual a autoridade política pudesse conhecer toda a vida do indivíduo – os seus passos, a saúde do seu corpo, as idéias talvez inaceitáveis ou criminosas que dissemina na internet – decerto seria bastante segura. Nela, os sistemas de saúde pública poderiam ser gerenciados com a maior eficiência possível; os crimes violentos seriam virtualmente banidos, pois a sua autoria seria facilmente descoberta; seria inexistente a expressão pública de racismo e de homofobia.

Sem dúvida, ficaríamos tentados a trocar a inviolabilidade da nossa privacidade pela promessa de uma vida com menos doenças, menos crimes e menos intolerância. O problema da distopia retratada por Orwell em *1984* não é a permanente vigilância da população, mas a falta do contraponto hedonístico. Huxley havia percebido, antes de Orwell, que uma sociedade do controle precisa de uma dimensão de escape. Um *1984* com redes sociais, música popular e liberdade sexual seria perfeitamente tolerável, e mesmo desejável, por muitos.

* * *

Hobbes talvez tivesse alguma razão. O homem comum está bastante disposto a abrir mão da sua privacidade, da sua liberdade de ir e vir, da sua liberdade de pensamento em benefício da segurança. Esse homem pensará: "não sou terrorista, homicida nem racista; minha vida é trabalho e lazer; não tenho nada a perder diante do controle governamental da minha existência". Quem poderia reprová-lo?

É possível mesmo antever que os que se opuserem a esse

controle institucional da vida serão, na mídia e nas redes sociais, considerados obscurantistas, teóricos da conspiração e até criminosos. Quando chegar o momento, cada homicídio consumado será atribuído à ignorância dos que se opõem à monitoração de tudo e de todos pelo Estado. Os críticos de um projeto assim serão tratados como esquisitões, como loucos, como terraplanistas, e enfim relegados à irrelevância por meio do processo de silenciamento social que Noelle-Newmann chamou de "espiral do silêncio".

* * *

Ao chegarmos no epítome do controle estatal do cidadão, em certo sentido a nossa existência será mais livre: uma sociedade sem crime e sem ódio evidentemente é uma sociedade em que a vida pode ser vivida mais plenamente.

Mas, como tudo no mundo humano, essa liberdade é dialética: quando ganhamos uma coisa, perdemos outra. O que teremos perdido quando isso tudo acontecer? O que teremos perdido quando a totalidade da nossa vida for institucionalizada?

Talvez percamos uma faculdade sutil e invisível, uma faculdade que, em última instância, não se pode medir senão indiretamente (como no experimento de Stanley Milgram): talvez percamos a nossa autonomia.

O homem que perde a responsabilidade sobre si mesmo, sobre a sua vida, sobre a vida dos outros, e alegremente cede essa responsabilidade a outrem, se transforma numa criança. Esse homem acreditará no que lhe for dito. Sob as palavras de ordem escolhidas com cuidado, fará o que lhe for ordenado, oprimirá quem lhe for indicado. E, na hora em que for escolhido para o sacrifício, marchará em direção à sua própria aniquilação com o coração emocionado, transbordando de amor patriótico.

* * *

A história do nosso tempo indutivamente nos revela uma tendência: o fortalecimento das instituições de controle da vida do homem. A feliz submissão a uma tirania tecnocientífica de natureza benigna, que garantirá a saúde e a segurança de todos nós, parece mais ou menos inevitável. Quando isso acontecer, o homem finalmente terá, em vida, a sua *pax aeterna*.

PLURALIDADE E EMPATIA

De um lado, quem julga que é preciso que todos fiquem em casa por todo o tempo necessário para proteger os mais frágeis, e que a manutenção da ordem econômica não é mais importante do que a preservação das vidas.

De outro, quem considera que o desemprego e a depressão econômica que fatalmente será a conseqüência disso será mais danosa à saúde pública do que o próprio coronavírus.

Quem está certo, quem está errado nessas narrativas bipolíticas conflitantes?

* * *

A realidade é plural. Uma descrição das coisas pode ser tão coerente quanto a descrição oposta. E qual é o problema disso?

Como Aristóteles já dizia, "o ser se diz de vários modos". Ninguém consegue esgotar, em um discurso, um acontecimento. E mais: discursos antagônicos podem ser dialeticamente constitutivos da mesma verdade. O real não é uma unidade: o real se multiplica em todas as direções.

A nossa dificuldade de perceber essa multiplicidade do real se deve à paralaxe das nossas representações: cada um de nós tem a perspectiva do seu olhar. É difícil, para quem nunca se moveu, compreender que a mesma paisagem é diferente quando se ocupa outros lugares de existência.

* * *

Quem está certo na polêmica entre os que defendem a quarentena rigorosa e os que defendem o seu afrouxamento?

Não posso deixar de dar razão a ambas as posições biopolíticas.

E o que fazer diante dessa descrição dupla da situação, uma descrição dupla que exige ações contrárias?

Não há resposta pronta para essa pergunta. O exercício da inescapável liberdade é o que nos resta quando estamos diante de uma encruzilhada.

* * *

Tenho visto amigos ofendendo gravemente quem, nessa encruzilhada, escolhe seguir por uma estrada diferente. Eles não percebem que, quando acusam o outro alguém de não entender a realidade, são eles mesmos que estão fechados nas suas representações e nas suas ideologias: são eles os que se recusam a entender as razões e os afetos alheios.

Para haver progresso no campo político é preciso existir comunicação entre os que discordam. E a comunicação verdadeira exige que viajemos ao mundo do outro, exige a empatia para com o lugar de existência do nosso interlocutor.

Fora da empatia – e da simpatia – para com quem discordamos, o que nos resta é a escuridão.

TOLERÂNCIA E SERENIDADE

Em tempos difíceis, podemos notar uma progressiva polarização das ideologias: das ideologias políticas, das ideologias religiosas, das ideologias tecnocientíficas.

E o que é a ideologia? É, em síntese, uma forma de ver o mundo a partir de certas categorias. A ideologia é um conjunto mais ou menos pronto de categorias pré-determinadas, com a sua teia de símbolos e significados, que o indivíduo e o grupo usam para interpretar a realidade.

O que é mais significativo é que quem tem uma visão ideológica do mundo simplesmente não concebe que o mundo seja de outra maneira: a ideologia lhe parece a própria ordem da realidade. A adequação de um discurso com a ideologia se torna o próprio critério de verdade.

E lhe parece estúpido, alienado ou mau-caráter qualquer um que pense diferente, qualquer um que não partilhe da mesma visão ideológica do mundo.

Nesse sentido, os partidários das ideologias à esquerda ou à direita julgam todos os outros como imbecis ou como desonestos. Afinal, para eles as categorias segundo as quais pensam a realidade são evidentes por si mesmas.

É por isso também que os seguidores das ideologias religiosas são tão frequentemente intolerantes: eles julgam que a acusação aos descrentes, aos hereges, aos pecadores é o melhor que podem fazer para que todos encontrem a verdade e a salvação. A intolerância é praticada com o melhor dos propósitos: é preciso crer na sua crença porque ela é a própria verdade.

E é por essa razão que também os que vêem a realidade sob a ideologia do cientificismo podem se tornar tão agressivos e emocionais quando se questiona a onisciência dos pesquisadores. Na ideologia tecnocientífica, todos os que problematizam a generalização, o alcance e os interesses político-econômicos das teses científicas são imediatamente julgados como ignorantes, como terraplanistas. A verdade identifica-se com a sua ideologia.

* * *

O fenômeno da ideologia é conhecido há muito, muito tempo. Por exemplo, podemos interpretar a Alegoria da Caverna como uma descrição desse processo de alienação no qual os alienados julgam que os alienados são os outros.

Alegoria equivalente está no filme *Matrix*: quem vive sob uma ideologia não consegue perceber o caráter ideológico da sua perspectiva e do seu julgamento. Para quem está na caverna, para quem está no interior da Matrix, a ideologia, a produção do fenômeno por outrem, é tomada como a própria realidade. E qualquer um que questione a visão ideológica é considerado um inimigo.

* * *

Sei que amigos têm rompido relações de décadas em nome da ideologia travestida como realidade: "se ele pensa assim na política, ou na religião, ou sobre a ciência, sinto muito, mas não posso ser seu amigo. Se ele diz isso ou aquilo, só pode ser um idiota ou um mau-caráter. Como eu sei que idiota ele não é, ele necessariamente é um sujeito indigno da minha companhia".

Tenho visto relações amorosas se fragmentando por causa dessa mesma razão. Pessoas que se gostam, que se amam, mas que passam a enxergar no outro aquele que não compartilha da própria "realidade" – ou seja, passa a ver no outro o adversário, do mesmo modo que os prisioneiros da caverna passaram a ver aquele que havia se libertado das correntes como o inimigo.

* * *

Nessa hora é preciso voltar a John Locke. Na sua *Carta sobre a Tolerância*, Locke argumenta que é preciso que o religioso – e, principalmente, o Estado – aceite a possibilidade de outras visões religiosas. A carta tem tudo a ver com o seu contexto: as disputas dos monarcas e dos líderes religiosos sobre o domínio das crenças das populações. Nesse sentido, Locke sustentava que todas as versões do Cristianismo eram legítimas, e que era preciso tolerar quem abraçasse crenças diferentes.

Mas sobretudo Locke deixava claro que havia alguém que não podia ser aceito na sociedade: o intolerante não podia ser tolerado.

* * *

Trazendo essa idéia para o nosso contexto, podemos dizer que a visão ideológica se define pela intolerância para com a diferença. Se alguém fica indignado com a relativização, com a suavização, que alguém faz da sua crença política, da sua crença religiosa ou da sua crença científica, é certo que esse alguém está nadando no mar da ideologia, e que será muito difícil que ele possa realizar o exercício de se colocar na perspectiva do outro, de ver como o outro vê e de com ele se solidarizar.

Se alguém deseja que o seu adversário sofra, esse seu desejo não nasce da razão e da boa vontade, mas somente do sadismo. Sim, há muitas pessoas na direita e na esquerda que se julgam humanistas, mas que sob o discurso humanista ocultam, quase sempre inclusive de si mesmas, o sadismo e a crueldade.

Como sugere a descrição de Hannah Arendt da banalidade de Eichmann, como demonstra o experimento psicossocial de Stanley Milgram, a transformação de cidadãos pacíficos, bons funcionários e bons vizinhos, a transformação desses "cidadãos de bem" em monstros pode levar menos de um segundo, basta que existam as condições propícias para que se aflore o sadismo que é alimentado pelo desejo de servir, de seguir ordens.

* * *

O antídoto do desejo da servidão, que se mistura com o desejo de causar o mal a quem não compartilha das suas ideologias, é a tolerância: nós não precisamos concordar com o que o outro diz a respeito da política, da religião, da ciência. Mas precisamos aceitar que a posição do outro, do ponto de vista da democracia, é tão legítima quanto a nossa. É preciso aceitar e tolerar que o outro pense como pensa, que ele seja como ele é, para que nós possamos exigir que o outro aceite e tolere também a nossa existência e o nosso pensamento. O intolerante é o único intolerável, como diz no século XVII John Locke e como repercute, no século XX, Karl Popper.

É nesse sentido que podemos entender a posição de Bobbio: a mais importante virtude dos cidadãos na democracia precisa ser a serenidade, que é uma mansidão ativa. Bobbio define a serenidade como a única suprema potência que consiste em deixar o outro ser aquilo que é. Ser sereno é deixar que todos sejam quem eles são, quem eles querem ser.

Sejamos serenos. Sejamos tolerantes. A marca do idiota não é o pensamento diferente do nosso: a marca do idiota é a crença de que todos os que divergem são idiotas, e que ele é o único que entende as coisas como elas são.

Simão Bacamarte precisou acabar com Itaguaí para descobrir que o idiota era ele. O que precisaremos destruir para chegar à conclusão de que os idiotas não são os outros?

TUTELA E AUTONOMIA

Quem será o grande vencedor dos embates ideológicos em nossos dias de isolamento social?

O grande vitorioso da política do nosso tempo de crise possivelmente será o personalismo que, por meio de slogans, move as massas. É incontornável o fato de que grande parte dos militantes políticos de ambos os lados não simplesmente apóia um conjunto de idéias, mas busca sobretudo um herói a quem seguir.

* * *

A busca por heróis salvadores da pátria é marca de povos que, em lugar de perseguir a autonomia, buscam a tutela. Como diz Kant, quem espera que um líder lhe ensine o que pensar e como agir não alcançou a maioridade: coloca-se, por sua própria culpa, em situação de menoridade.

O sinal mais evidente da menoridade é o desejo de ser aceito e abraçado por um grupo em benefício do qual a sua consciência crítica será sacrificada. O conjunto de valores das massas que seguem, alegre e furiosamente, slogans gritados pelos seus líderes — nas ruas ou nas redes sociais —

ilustra perfeitamente o que Nietzsche chamava de moral do rebanho.

* * *

Infelizmente, grande parte da população – de todas as classes sociais, de todos os níveis intelectuais, à esquerda e à direita – deseja ardentemente ser arrebanhada. Quantos conhecidos nossos não estão prontos, e mesmo ansiosos, para repetir, como autômatos, palavras de ordem ativadas por gatilhos preparados pelos seus heróis?

Um regime em que rebanhos anseiam pelas ordens dos seus líderes já não mais é uma democracia: é uma tirania na qual o poder ensurdecedor das massas torna inaudível o discurso do cidadão racional. As massas organizadas por meio de slogans tomaram o lugar do debate comunicativo – mas os slogans envenenam a inteligência e atrofiam a razão, independentemente do lado de onde eles sejam gritados. Por esse motivo, uma disputa política baseada em slogans e lacrações nada mais é do que a vitória da turba irracional sobre a consciência individual; em outras palavras, é o suspiro enfermo de uma democracia que já nasce moribunda.

* * *

A democracia agoniza porque muitos entre nós perderam – ou nunca conquistaram – a coragem de pensar por sua própria cabeça. Por isso, mais do que nunca a lição de Kant e de Nietzsche é necessária: é preciso pensar e agir em seu próprio nome, e não em nome de um herói. A recusa da tutela – e a conseqüente tomada de responsabilidade sobre a parte da humanidade que cabe a cada um – é a marca do esclarecimento.

Afinal, não é pela repetição de palavras de ordem que se desenvolve a consciência política popular: é justamente pela *recusa* à repetição de slogans que um povo começa a se esclarecer politicamente. E somente um povo em processo de esclarecimento pode ter a esperança de se autogovernar, com serenidade, numa democracia possível, especialmente num período em que caminhamos à beira do caos e da destruição.

CONFINAMENTO E CRUELDADE

Há um fenômeno profundamente perturbador em curso neste período de isolamento social.

Em Niterói, caminhões-pipa passam jogando água indiscriminadamente na rua. Adultos, idosos, crianças; lojas, motocicletas, automóveis: todos no caminho dos caminhões-pipa são encharcados por um canhão d'água.

Numa praça em Araraquara, uma mulher que caminha sozinha é imobilizada e detida pela guarda civil, após se recusar a deixar o local.

Na Lagoa Rodrigo de Freitas, no Rio, a polícia militar realiza uma barreira para impedir que um senhor de idade solitariamente caminhe durante a noite. O senhor recusa-se a obedecer. O policial ameaça prendê-lo. O senhor, que então se identifica como general do exército, saca a arma. Ouvimos populares pedindo aos policiais que atirem contra o idoso (!), enquanto outro policial grita para que isso não ocorra. No fim, o senhor segue o seu caminho.

Muitos outros vídeos com conteúdo similar aparecem diariamente nas redes sociais. Todos esses vídeos têm algo em comum: eles mostram pessoas que não apresentam nenhuma atitude criminosa ou ameaçadora sendo impedidos de caminhar nas vias públicas, em praças, na praia. E capturam a ação autoritária e sádica de agentes do aparato repressor do Estado contra esses indivíduos.

* * *

Aparentemente, os agentes do Estado receberam carta branca para o exercício do autoritarismo e do sadismo em relação a todas as pessoas indistintamente.

É a primeira vez que cidadãos brancos, da classe média e alta, sofrem os abusos que todos os negros, os moradores das favelas e os sem-teto conhecem bem. Isso não é motivo de comemoração por alguma "pedagogia da violência"; é, pelo contrário, o sinal assustador de que as práticas que eram anteriormente realizadas às escondidas, de modo envergonhado, sob o silêncio da noite das periferias, agora são filmadas e orgulhosamente divulgadas. O autoritarismo sádico que borbulha no coração de alguns agentes armados do Estado agora pode ser exibido sem nenhum pudor.

Pedro Aleixo, o vice-presidente civil que, devido à sua oposição ao AI-5, foi impedido pela junta militar de assumir a presidência quando o general Costa e Silva foi afastado por doença em 1969, certa vez disse que o maior perigo da promulgação dos Atos Institucionais estava no "guarda da esquina", isto é: na liberação e legitimação da sua violência ignorante e gratuita. É precisamente o que vemos acontecer nesses vídeos.

* * *

Hannah Arendt sustentava que o mal não é extraordinário: o mal é banal, e qualquer burocrata um pouco obtuso pode vir a se tornar um novo Eichmann, caso as circunstâncias se tornem tristemente favoráveis. O grande mal não é praticado por monstros sem coração: sob o pretexto de "seguir ordens", sob o imperativo da "eficiência", um homem comum pode perpetrar, sem que se sinta responsável, as maiores violências contra outro ser humano.

O experimento social de Stanley Milgram, iniciado em 1961 no porão de um prédio da Universidade de Yale, corroborou as idéias de Arendt: sob a autorização e a pressão de um superior hierárquico, na circunstância adequada, quase todos os "cidadãos de bem" são capazes de, sem remorso, pôr em risco a vida de um inocente. Milgram constatou que o exercício da desobediência diante da autoridade exige a manutenção de um padrão ético excepcionalmente elevado.

A factibilidade da tese de Arendt também foi demonstrada pelo polêmico experimento de Phillip Zimbardo no porão do Departamento de Psicologia da Universidade de Stanford durante seis dias de agosto de 1971. Nesse experimento, estudantes voluntários foram selecionados para explorar a relação de poder entre detentos e guardas numa prisão por meio de uma espécie de simulação das condições de um presídio. O experimento revelou que as relações entre os voluntários, antes cordiais e calorosas, muito rapidamente se tornaram violentas e carregadas de sadismo. O experimento precisou ser interrompido abruptamente quando ficou claro que havia o real perigo de que os estudantes se matassem na simulação.

A possibilidade de um inesperado comportamento cruel e sádico aflorar, diante de certas circunstâncias, na vida de pessoas comumente pacíficas é ilustrada nos inúmeros relatos, disponíveis no *Youtube*, de ex-soldados americanos que combateram no Vietnã: homens que que choram com amargor quando se lembram das atrocidades por eles cometidas, por ordem dos seus superiores, contra mulheres, crianças e bebês.

Não nos enganemos: a imensa maioria de nós, pessoas

de paz, tolerantes e cordiais, é capaz de sucumbir à tentação da violência e da crueldade quando as amarras sociais e legais que mantêm os nossos afetos em ordem são afrouxadas.

* * *

Essa conclusão perturbadora se apresenta diante de nós a cada momento: basta ler as seções de comentários dos vídeos que exibem a violência dos agentes do Estado. Poucos se escandalizam com o autoritarismo e com o sadismo dos perpetradores da violência. A imensa maioria justifica essa violência em nome do bem comum, e faz gracejos, e pede ainda mais violência.

Essa justificativa da violência, esses gracejos, essa expressão de desejo de mais violência aparece até em grupos privativos em que pessoas razoavelmente inteligentes - professores, por exemplo - conversam sobre as nossas circunstâncias. Acreditem: muitos cidadãos, à direita e à esquerda, que usualmente repudiam a violência e a crueldade, que se julgam cidadãos de bem, tolerantes e sensíveis, têm se divertido com essas cenas – ou têm manifestado ódio em relação às próprias vítimas. O transbordamento do desejo de puro domínio sobre o outro alguém, que antes era motivo de reprovação social, agora é ocasião de bravata, sob os risos e os aplausos do grande público.

Eu assisti a esse fenômeno perturbador dezenas e dezenas de vezes nos últimos dias.

* * *

Esta estrada já foi percorrida algumas vezes na história recente. Um dos seus destinos é o fascismo. Quando muitos acreditam que a violência contra pessoas absolutamente inocentes – que nada mais fazem do que passear num parque, numa praia, numa rua – não somente se justifica, mas é também motivo de riso, precisamos nos preparar: o que nos espera logo ali adiante pode não ser um futuro de uma nova consciência mundial, mas um passado de autoritarismo e de terror, um passado que pode estar sendo construído justamente por nós, os vibrantes defensores do bem comum.

CLAUSURA E PRIVILÉGIO

A linguagem é dialética. Para apreender toda a extensão do que uma frase diz, é preciso captar não só o seu significado explícito, mas também o que nela se oculta.

Todos sabemos: em período de pandemia, é preciso ficar em casa, cumprindo com o máximo de rigor a clausura, para que possamos nos proteger mutuamente.

Esse é o aspecto evidente da frase das campanhas do tipo "fica em casa!".

* * *

Porém, nestes nossos tempos estranhos uma estrutura hermenêutica oculta se ilumina toda vez que alguém pede que não saiamos à rua. Sob esse pedido surge, dialeticamente, um outro significado que nega o que está explícito: toda vez que pedimos que se "fique em casa", imediatamente pressupomos a existência de uma rede social composta por pessoas que não têm esse direito.

O confinamento de parte da população somente é possível se outra parte da população permanecer em seu trabalho pronta para servir a quem está isolado. Para que uma parte da população possa, por meio do isolamento, proteger a sua vida e a vida dos seus, a outra parte precisa se sacrificar. A exigência de que todos se isolem corresponde, dialeticamente, à exigência do sacrifício de um outro, de um ninguém. Essa conclusão é incontornável.

* * *

A possibilidade de manter a clausura é um privilégio: privilégio de quem possui um emprego estável, possui recursos, possui reservas. Quem pode cumprir um isolamento rigoroso, evitando o contato com as ruas e com os outros, é o integrante da classe média e alta.

O pobre, que não tem carteira assinada, não é funcionário público, não tem reservas e precisa conquistar o pão a cada dia, não tem o direito de manter o claustro. Pelo contrário: ele precisa servir a quem pode se isolar.

Ele precisa guardar a portaria, faxinar, cozinhar no restaurante ou na casa do patrão, entregar de moto a comida japonesa, cuidar da internet, da água, da luz, do gás, dirigir os ônibus, os táxis e os übers, controlar o trânsito, levar o lixo, manter a ordem, para o benefício das classes média e alta que se salvaguardam no lar.

* * *

Amigos, vocês vão entender o que eu digo: na reunião de trabalho, defendemos a manutenção do isolamento, criticamos as propostas de volta ao trabalho, denunciamos uma "política genocida". E quando toca a campainha fechamos o Zoom para receber o motoboy negro do Ifood que veio trazer o nosso sushi.

Em outras palavras: a defesa deste modelo de isolamento, um modelo em que somente a elite – econômica ou intelectual – pode se isolar, é ideológica. Quando defendemos o isolamento, defendemos o nosso privilégio, o privilégio da elite. Afinal, para que exista este isolamento, os miseráveis precisam nos prover de todos os luxos e confortos. Nessa ideologia que incorporamos e naturalizamos, há vidas – as nossas – que valem mais do que as outras – a do outro, miserável e invisível.

Sob o pedido para que "todos" fiquem em casa, há implícita a ordem para que um "ninguém", um outro indistinto e esquecido, continue a servir. Amigos, quem podemos – e desejamos – sacrificar para que nos salvemos?

* * *

É necessário perceber que, nesse pedido para que guardemos o claustro, existe a exigência implícita do sacrifício do outro – e o silêncio sobre essa exigência. Para que possa se salvar, uma classe exige, sem que se possa levantar uma única objeção, o sacrifício da outra.

De fato, a linguagem do "fica em casa!" opera, dialeticamente, com duas funções: uma função positiva e uma função negativa. A frase, imperativa, tem o seu reflexo espelhado como um imperativo negativo: ela carrega a exigência de que as classes baixas façam exatamente o contrário do que se pede.

Neste sentido, a exigência do isolamento é uma expressão radical de elitismo social: sob a aparência do interesse no bem comum, sob a roupagem da responsabilidade comunitária, se esconde o monstro da objetificação e da instrumentalização do ser humano.

* * *

Então o isolamento social deveria ser abandonado? Não,

absolutamente não. Deveria ser radicalizado.

Para que possamos praticar essa radicalização, isto é: para que haja verdadeiramente um isolamento geral, será necessário tomarmos consciência das nossas atitudes. Não faz sentido permanecermos em nossos apartamentos, por exemplo, enquanto pedimos um jantar pelo aplicativo. Vocês percebem quão elitista é essa nossa atitude? Que com ela estamos estabelecendo que o outro pode arriscar a sua saúde na rua, mas nós não? – em outros termos, mais claros: que a vida do outro vale menos do que a nossa? Vocês percebem que, ao exigirmos que o porteiro esteja a postos, que a assistência técnica da internet esteja trabalhando, que o gari leve o nosso lixo, estamos estabelecendo uma hierarquia social - determinando o nosso valor e a nossa indispensabilidade e, ao mesmo tempo, a falta de valor e a dispensabilidade de quem é mais pobre do que nós?

Um verdadeiro isolamento – e não um isolamento somente das classes superiores da sociedade – exige a interrupção de todos os serviços. Todos, exceto os realmente essenciais: os hospitais, a polícia. Um confinamento assim exige, por conseguinte, que nos tornemos mais responsáveis com a nossa vida cotidiana: precisamos produzir menos lixo, na ausência dos garis; precisamos exercitar a paciência e a tolerância, nos acostumando com a possibilidade da queda da internet, da luz, do sinal do celular; precisamos diminuir as nossas necessidades, racionar o nosso alimento, nos encolher do ponto de vista social e econômico.

Além disso, precisamos aprender a dividir e a receber: a partilhar com o nosso próximo – que é quem nos pede ajuda – os recursos de que dispomos com abundância e a receber, sem nos sentirmos humilhados, uma parte dos recursos de que o próximo dispõe em excesso. Quem muito possui deve, numa situação de real isolamento, compreender que a riqueza obriga à generosidade: a manutenção da vida das famílias pobres é uma responsabilidade de quem lhes pode ajudar. O exercício da fraternidade é o único caminho para que superemos sem convulsão social qualquer grande crise.

Finalmente, um verdadeiro isolamento fatalmente nos fará descobrir que podemos viver uma vida menos exigente, menos dispendiosa, menos poluente. Façamos o isolamento, o isolamento de verdade, e o mundo – dentro e fora do homem – se tornará mais belo, mais justo, melhor.

* * *

Do contrário, a campanha para que "fiquemos em casa" não passa de expressão ideológica de um privilégio de classe e expressa a nova face da escravidão: a escravidão moderna em que a existência de alguém invisível, anônimo e miserável – um verdadeiro ninguém – é instrumentalizada em benefício da saúde dos novos senhores.

IGNORÂNCIA E DIFERENÇA

Eu entendo bem a dificuldade de percebermos os nossos próprios pontos cegos. A ignorância, essa nossa companheira inseparável, é difícil, porque se esconde na nossa sombra: como dizia aquele filósofo francês, todo mundo (inclusive este que lhes escreve) quase sempre se considera perfeitamente dotado de bom-senso e da capacidade de perceber os próprios enganos - e, principalmente, os enganos alheios... Em tempos de crise como o nosso, é mais do que nunca necessário que tentemos iluminar os nossos pontos cegos para que decidamos, quando for preciso, da melhor maneira possível.

***

Eu vivo da palavra falada e escrita. É curioso: no momento em que estou trabalhando, as frases e os parágrafos me parecem muito bem construídos. Reviso uma, duas, três vezes o conjunto. E fico satisfeito.

Dez minutos depois, passo os olhos de novo. Um pouco constrangido, começo a notar as repetições, as cacofonias, as falhas de pontuação, as proposições ambíguas. Corrijo. E novamente fico satisfeito.

Depois de meia hora, volto a ler o texto - e me embaraço ao descobrir mais erros e omissões. Reescrevo algumas passagens, elimino outras. Satisfeito mais uma vez.

Até rever o trabalho no dia seguinte, quando a vergonha volta a me assaltar...

* * *

Digo isto para ilustrar que a ignorância é difícil porque não percebemos quando somos ignorantes. Se todos nós temos dificuldade com a nossa própria linguagem, é evidente que será ainda mais difícil reconhecemos a nossa ignorância a respeito do contexto, da experiência e dos estudos presentes na linguagem do outro alguém. Infelizmente, em vez de recebermos a narrativa diferente da nossa com atenção amorosa, reconhecendo os vazios da nossa referência interpretativa e deixando o espaço para que o outro os preencha - ou não -, fazemos justamente o contrário: preenchemos os espaços com a nossa própria estrutura de pensamento, e culpamos o outro alguém quando assim o quadro do seu discurso nos parece desarmônico, pueril ou odioso. Mas os responsáveis por essa interpretação detestável somos nós mesmos - nós e a nossa quase inevitável cegueira em relação àquilo que ignoramos.

* * *

Não existe antídoto para a nossa ignorância. Ela é parte da condição humana. Jamais conheceremos tudo o que queremos conhecer; e nunca teremos acesso ao pensamento, à história, ao sentimento do outro senão por intermédio da linguagem, essa fonte de confusão infinita.

Não existe antídoto para a nossa ignorância, mas existe antídoto para o ódio em relação ao outro alguém que diz aquilo que nos parece inaceitável. O antídoto é a aceitação da inevitabilidade dos aparentes vazios e da aparente incompletude do discurso alheio. É o abandono da soberba intelectual - da crença de que somos capazes de capturar por completo o sentido dos outros dizeres, da ilusão de que as asas da nossa coruja podem abraçar as asas da coruja do outro alguém. O antídoto para o ódio à diferença é a compreensão de que simplesmente nós não passamos pelos mesmos caminhos por onde o outro alguém passou. E que a caminhada por caminhos diferentes é a própria condição da nossa existência no mundo.

IDEOLOGIA E METAFÍSICA

O pensamento, como o próprio real, é dialético: a escolha de um caminho sempre revela mais sobre nós mesmos do que sobre a paisagem. A escuridão sempre ilumina o que está oculto na nossa alma. A confusão sempre expõe uma ordem implícita.

A crise do nosso tempo tem uma profundidade maior do que a sugerida pela tensão entre a perspectiva epidemiológica e a econômica. Quem procura compreendê-la e solucioná-la como uma mera questão de saúde pública ou de funcionamento das empresas ignora o que é essencial.

Esta crise não começou em novembro de 2019. Ela já é antiga. Os caminhos que escolhemos seguir neste paroxismo da crise revelam a sua própria natureza.

Os caminhos que escolhemos para compreendê-la são os da ideologia médica e o da ideologia econômica. De um lado, o ser humano é reduzido à sua funcionalidade orgânica; de outro lado, é reduzido à sua dimensão de trabalho econômico. Mas esses dois caminhos ideológicos que estabelecem o campo da discussão possível em todos os lugares do mundo, na política e na academia, são simplesmente dois aspectos de uma mesma via: de um lado, o materialismo reducionlista biologizante; de outro, o materialismo reducionista econimicizante.

* * *

Esses dois caminhos surgiram no século XIX, mas têm raízes mais antigas. Eles são o fruto da perda da percepção da pluralidade do real no início da Modernidade. Um Descartes já não mais concebe o mundo como um Cosmos, mas como um Universo: a realidade já não se ordena em níveis nos quais cada campo segue as suas leis próprias, sob uma estrutura complexa que abriga uma verdadeira pluralidade do ser. Para um Descartes, o real não é múltiplo, mas simplesmente duplo: existem somente dois níveis de existência, o das coisas extensas e o das coisas pensantes, cada um com o seu próprio sistema absoluto de leis. E para um Galileu já não há nem mesmo essa dualidade: o que existe é o Universo, com o seu *nomos* singular que a tudo submete, sem exceção. É justamente esse *nomos* singular que se expressa hoje na busca dos físicos teóricos pela "Teoria do Tudo".

Uma "Teoria do Tudo", uma fórmula capaz de descrever a totalidade do Universo, é o Santo Graal da ciência moderna. A sua posse transformaria o homem em um verdadeiro "demônio de Laplace", e nada, nos limites da possibilidade do próprio Universo, de nós estaria oculto nem a nós interditado.

Essa busca da ciência moderna parte da premissa de que a realidade é um Universo, um todo absoluto, em que todas as partes são uniformes e possuem somente uma dimensão ontológica: a dimensão física. Em outras palavras: ela parte da premissa metafísica de que toda a realidade é física e uniforme.

66

O problema é que essa metafísica monista é frágil: não existe nenhuma maneira de demonstrar a verdade dessa premissa. Não se pode provar que o Universo seja um absoluto, que ele seja uniforme, que as suas leis rejam todas as suas partes em todos os tempos e todos os lugares. Sobretudo, não se pode sustentar, senão como ato de pura fé, que toda a realidade (que inclui a matéria e a energia, mas também as relações sociais, os pensamentos, os símbolos, a literatura, a interpretação de um poema, a música de Bach, o heroísmo, o amor, e – notavelmente – a própria crença dos cientistas no valor da ciência) se resuma a um conjunto de leis físicas. Afinal, as próprias leis da física não são compostas de matéria e energia, mas são algo bem diferente; por evidência lógica, elas são necessariamente anteriores aos próprios elementos materiais e energéticos, que somente podem surgir a partir das normas que regem a sua própria existência.

* * *

A ideologia positivista sistematizada no século XIX por Auguste Comte, que se tornou o sacerdote supremo da religião cientificista que ele mesmo criou (e isso não é uma piada, ainda que seja), é o fruto mais vistoso da metafísica do monismo físico – que é a crença de que tudo é da ordem das leis físicas que regem o Universo, e que nada há fora desse Universo físico, absoluto e uniforme – e, ao mesmo tempo, um passo no caminho para os reducionismos ideológicos do século XX e XXI.

Esses reducionismos ideológicos, cuja expressão acadêmica mais óbvia é a cultura da hiperespecialização científica, impedem a abertura da visão do pesquisador: para o cientista, toda a realidade somente pode ser compreendida corretamente a partir do panorama visto do seu campo de pesquisa. Tudo o que há pode e deve ser descrito a partir de um núcleo reduzido de *nomoi*, não tomados como hipóteses e

67

teorias limitadas, provisórias e sujeitas ao falseamento, mas como a própria estrutura absoluta e unitária do real.

* * *

A crise que vivemos é de natureza metafísica. Com a modernidade, abandonamos o Cosmos e ingressamos no Universo. Deixamos de viver num mundo cheio de moradas, em que havia o lugar ontológico de cada ser, para habitar um mundo em que a ciência e a técnica determinam o lugar da existência aceitável. A metafísica do Cosmos se tornou a metafísica do Universo, e a metafísica do Universo assumiu a posição de ideologia de fundo do nosso tempo.

De um Cosmos em que se reconhecia a dignidade do lugar de todos os seres – sejam humanos, animais, vegetais, simbólicos, divinos, oníricos -, um Cosmos em que experimentávamos com humildade o reconhecimento da nossa própria ignorância a respeito do modo de existência de todos os outros seres, nos mudamos para um Universo em que o valor da existência de todos os objetos – não mais seres, mas objetos à nossa disposição, mas recursos, como os recursos minerais, os recursos vegetais, os recursos animais e, vejam!, os "recursos humanos" – é medido de acordo com a sua utilidade para o desenvolvimento tecnocientífico. Em nome da tecnociência, sob a justificativa da saúde humana, sob a justificativa do desenvolvimento econômico, processamos e destruímos todos os seres – que não mais são vistos como seres com valor em si e por si, mas que se nos apresentam como coisas, como objetos, como recursos disponíveis a partir do seu valor heteronomicamente determinado pela axiologia metafísica da Modernidade.

E, em nome da Humanidade, ignoramos – porque a nossa ideologia do materialismo absoluto nos cega para tudo o mais – que não somente cada ser tem o seu modo e o seu lugar de existência, mas que nós mesmos, seres humanos, existimos em vários planos simultaneamente. Não somos somente corpos orgânicos; não somos somente força de trabalho econômico. As dimensões da nossa existência são tantas que seria impossível apresentar uma lista exaustiva: somos, além de organismos vivos e de trabalhadores econômicos, também seres oníricos, musicais, amantes, descobridores, metafísicos, heróicos, sexuais, poéticos, simbólicos, afetivos...

* * *

Nesta crise, o reducionismo tecnocientífico se apresenta, qual Janus, sob duas faces, a médica e a econômica; mas ele é um único deus, ele é uma única ideologia. A questão de fato não é se vamos seguir os médicos ou os economistas. A questão é muito mais profunda.

Se não percebemos que essa crise não é simplesmente médica e econômica, mas metafísica; se não compreendermos que a origem dessa crise é a busca pelo crescimento infinito do poder tecnocientífico e econômico, e que nessa busca transformamos tudo – animais, minerais, símbolos, música, heroísmo, amor e nós mesmos – em recursos; se, em suma, continuarmos na estrada civilizacional que seguimos desde o início da Modernidade, encontraremos crises cada vez mais profundas, tão profundas quanto for a cisão entre a nossa ideologia – cuja natureza metafísica é monista e materialista – e a realidade plural que, queiramos ou não, exubera, cada vez mais violentamente, fora e dentro de nós.

* * *

Talvez esta crise momentânea dentro de uma crise muito maior, uma crise que já tem quatro séculos, possa revelar a

69

muitos que o problema não é o vírus, mas o modo como temos experimentado a realidade.

Oxalá ao menos alguns de nós nos libertemos do reducionismo, do monismo, do materialismo de fundo da ideologia da Modernidade para, enfim, voltarmos a habitar num Cosmos plural – um cosmos em que, sobretudo, cada modo de existência tenha o seu valor em si, e nada tenha o seu valor estabelecido por nós em função unicamente da sua utilidade para nós.

Ao aceitarmos e convivermos com a pluralidade cosmológica que há fora e dentro de nós mesmos, talvez possamos redescobrir o Outro, um Outro que ultrapassa o limite do humano e que nos tornará, por isso, mais humanos.

E, assim, quem sabe descubramos o caminho para a redução das necessidades da nossa civilização, o caminho do decrescimento; esse é o caminho da suavização das crises estruturais da alma e da sociedade humana, porque é o caminho da vida em harmonia com o Cosmos – do qual tecnociência, indústria e economia, afinal, também são mundos, mas não são a totalidade do Mundo.

FILOSOFIA E APORIA

Após esse percurso, certamente alguns leitores me exigirão um posicionamento claro sobre o problema; dirão talvez perceber o modo como tenho visto as nossas circunstâncias neste período de confinamento, mas não o caminho que proponho.

Para responder, neste capítulo final, a essa exigência, preciso antes explicar como vejo o papel do filósofo na *pólis*.

* * *

Neste contexto, Sócrates me parece o filósofo prototípico. Diferentemente de um Heráclito, que ansiou pelo silêncio e pela solidão para realizar a sua natureza e mais integralmente participar do Cosmos, Sócrates compreendeu que a natureza do homem está na sua potência de ser falante. Portanto, realizar a natureza humana é participar daquilo que é, dialeticamente, a condição e o produto da própria linguagem: a razão discursiva e a política – esta, compreendida como a atividade empreendida pelos indivíduos livres na *pólis*, especialmente a que tem lugar durante o ócio, isto é, durante o tempo em que não se trabalha para sobreviver, mas propriamente se vive.

Sócrates – ao menos o dos primeiros diálogos, que são os mais próximos do Sócrates histórico – questionava a todos, mas não tinha respostas. Se foi "o homem mais sábio", foi justamente porque, advertido pelo seu *daemon*, recusava todas as certezas. Não foi o mestre de ninguém, porque não tinha nada a oferecer senão a interrogação. Foi o filósofo do "elenchos", o filósofo das perguntas. Sócrates perguntava para esclarecer os conceitos que estavam ocultos na sombra – ou seja: para trazer à luz a questão central que os outros não percebiam, pois somente circundavam os problemas subordinados.

Mas ele não respondia às perguntas que fazia. Sócrates examinava um problema – e só. Não oferecia nenhum método para solucioná-lo. Assumia prontamente a sua incapacidade de encontrar uma saída para os impasses descobertos quando analisava as palavras dos seus interlocutores. Sócrates aceitava, sem nenhuma reserva, a possibilidade da aporia.

* * *

Isso significa que a filosofia de Sócrates é inútil? Afinal, se ela não nos dá respostas, para que ela serve?

Qualquer filosofia que não nos ajude a viver, que seja mero jogo intelectual, é uma inutilidade e não vale o nosso tempo.

Não é o caso da filosofia de Sócrates. Ela não nos dá respostas, mas nos ensina a perguntar. Ela não conduz o nosso pensamento ao seu destino, mas nos ensina o caminho dialético dos conceitos.

Se, como Pierre Hadot propunha, a filosofia sempre teve o caráter de exercício espiritual, então o exercício espiritual socrático é, antes de tudo, o exercício da crítica: é o homem, ser na linguagem, criticando a própria linguagem, descobrindo que, nela, toda expressão se divide, dialeticamente, em direções opostas. Que toda proposição traz consigo um inverso. Essa descoberta é crucial: depois dela, não mais podemos acompanhar, ingenuamente, palavras de ordem, causas populares, movimentos sociais "do bem".

* * *

A responsabilidade intelectual do filósofo é a de tentar apreender, a partir dos seus lugares existenciais, a dialética dos processos que diante de nós se desdobram. O filósofo não pode se encantar pelo espetáculo das luzes coloridas que tão facilmente entorpecem, nem se deixar embriagar – de amor ou de ódio – pelo discurso que ouve; em vez disso, ele deve investigar, dentro de si, as sombras por essas luzes criadas, e descobrir o que o discurso, ao silenciar, revela.

Por essa razão, sempre que o filósofo está prestes a propor uma utopia, descobre que, nela, está implicada uma distopia; sempre que está pronto para levantar a voz a favor de uma transformação do mundo em um lugar mais justo, percebe que a nova justiça será infalivelmente sangrenta e atroz.

O que fazer diante da inevitável condição dialética da existência humana? Gritar por uma das teses, gritar tão alto que o sussurro do *daemon* se torne inaudível? Ou reconhecer, vencido, a aporia?

Talvez a síntese possível da dialética do pensamento seja o reconhecimento que não há possibilidade de síntese. Ou o reconhecimento de que a própria aporia é sintética. A certeza da nossa incapacidade de escolher *o melhor* caminho, ao mesmo tempo em que necessariamente escolhemos *algum* caminho, é a conclusão a que a nossa condição nos permite chegar quando nos deparamos com algum problema social, político, humano.

Assim, se devemos escolher um caminho – sempre um que, a rigor, não deveríamos ter escolhido, pois, ao fim, *todos os caminhos são maus caminhos* –, que nos seja dado percorrê-lo

73

com o silêncio necessário, o silêncio que é a canção do trá-
gico, o silêncio que nos permite seguir ouvindo, noite aden-
tro, as advertências desesperadas do nosso *daemon*.

SOBRE O AUTOR

Gustavo Bertoche é doutor em Filosofia pela UERJ, sócio efetivo da Associação Filosófica Scientiae Studia e membro da Association Internationale Gaston Bachelard.Foi professor na Universidade Federal de Ouro Preto e na Universidade Federal de Juiz de Fora.